AF258018

ORAISON FUNÈBRE

PRONONCÉE LE 13 AVRIL 1876

SUR LA TOMBE DE

HAYEM - DANIEL LÉVY

Décédé à Verdun, le 11 Avril 1876

à l'âge de 51 ans

PAR

M. Emile CAHEN

RABBIN DE REIMS (MARNE)

ANCIEN RABBIN DE VERDUN (MEUSE)

———

IMPRIMERIE COOPÉRATIVE DE REIMS

(E. Gény, Directeur.)

24, Rue Pluche, 24

—

1876

ORAISON FUNÈBRE

PRONONCÉE LE 13 AVRIL 1876

SUR LA TOMBE DE

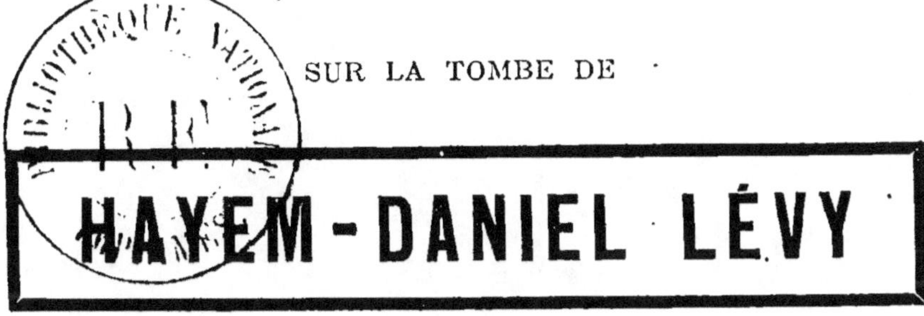

HAYEM — DANIEL LÉVY

Décédé à Verdun, le 11 Avril 1876

à l'âge de 51 ans

PAR

M. Emile CAHEN

RABBIN DE REIMS (MARNE)

ANCIEN RABBIN DE VERDUN (MEUSE)

IMPRIMERIE COOPÉRATIVE DE REIMS

(E. GÉNY, Directeur.)

24, Rue Pluche, 24

—

1876

Mes Frères,

Lorsqu'il y a quelques mois, au moment où je vous quittais pour prendre possession d'un nouveau domaine spirituel (1), vous bénissant tous, je demandais en même temps à Dieu de m'accorder la grâce de vous revoir dans le meilleur état de santé et de prospérité, qui m'eût dit que ma première visite parmi vous s'accomplirait pour moi les larmes aux yeux et la douleur au cœur ?

Une voix expirante a demandé le pasteur qu'il aimait, et le pasteur a répondu à ce touchant appel ; une voix plaintive et déchirante, celle de la veuve éplorée, s'est fait entendre, et je suis accouru pour adoucir la souffrance, pour apporter, s'il est possible, un baume à d'insondables afflictions !

C'est qu'en effet un rameau vert encore, vient de se détacher de l'arbre séculaire de ma bien-aimée communauté de Verdun.

Hélas ! c'est au printemps de sa vie, c'est au prin-

(1) Le Rabbinat de Reims (Marne)

temps de la nature, c'est au milieu des joies de la Pâque que disparaît du milieu de vous celui que vous conduisez à sa dernière demeure.

Hayem-Daniel Lévy appartenait à la grande famille de ces infatigables travailleurs ennemis-nés, je ne dirai pas seulement du temps perdu, de l'inaction, de l'oisiveté, mais, qui le croirait? du calme mérité après un dur labeur, du repos si nécessaire à la restauration de nos forces physiques.

Non, notre frère ne s'est jamais reposé. Les plaisirs matériels, il n'a jamais voulu les connaître; il les fuyait pour ne se complaire qu'au travail. Et lorsque, miné par cette cruelle maladie qui faisait le désespoir de son cher entourage, il aurait pu saisir ce triste et malheureux prétexte pour respirer un peu au milieu de la carrière, je l'ai vu résister aux conseils de l'amitié pour consacrer son dernier souffle à ce qui constituait l'essence de toute sa vie, à la loi du travail, principe de toute dignité humaine, précepte sacro-saint qui, à l'origine des temps, fut imposé à l'homme comme marque et de son extrême misère et de son incomparable grandeur. Hayem-Daniel avait suivi ponctuellement l'ordre d'en haut : « Tu travailleras à la sueur de ton front jusqu'à ce que tu retournes à la terre, car tu es poussière et tu redeviendras poussière. »

Mais il ne suffit pas que l'homme ait beaucoup travaillé, consumé ses forces à la poursuite des biens terrestres, acquis une honnête aisance voire même la fortune pour mériter l'estime publique et les éloges posthumes. Il nous faut rechercher de quelle façon ces biens ont été acquis, quels procédés ont été employés pour se les approprier. Car, quoi qu'on dise de notre siècle, où la fortune semble justifier bien des méfaits, effacer bien des torts commis, où les honneurs paraissent baisser pavillon devant les richesses, néanmoins il arrive toujours, ce temps plus ou moins éloigné, où l'enquête s'accomplit dure et implacable, où la voix publique parle sans qu'il y ait de réplique possible.

Eh bien ! notre frère subit aujourd'hui avec succès cette redoutable épreuve.

Daniel Lévy était dans toute l'acception du mot l'homme probe, honnête, loyal. Si, à cause de sa position de fortune, il attirait forcément la confiance dans ses transactions commerciales, il n'en reste pas moins absolument acquis que l'honorabilité de son caractère, la stricte et scrupuleuse exactitude qu'il apportait dans les affaires, son consciencieux attachement aux lois de l'honneur, de la justice et de l'équité, lui avaient valu les sympathies de tous ceux qui étaient en rapport avec lui, israélites ou frères de toutes les confessions religieuses.

Elle marchera devant toi, cette lumière de la loyauté et de l'honneur, et selon l'expression du Psalmiste, elle sera ton guide dans la voie qui conduit au Ciel, elle sera ton auréole au pied du trône auguste du Seigneur notre Dieu. Amen !

Daniel Lévy réalisait aussi le type aimable du bon époux, du bon père. Qui mieux que votre pasteur a connu ce bel intérieur où les touchants accords de la plus belle harmonie entre époux n'ont jamais été altérés par la moindre note discordante ? La paix domestique, cette bénédiction céleste à nulle autre pareille, était fondée sur des bases telles, qu'elle constituait à elle seule la plus belle récompense que notre frère ambitionnait en retour de ses fatigues, j'ajoute, de ses souffrances.

Hélas ! le Seigneur a rompu des liens si étroitement unis. Rupture cruelle et douloureuse, mais croyez-le bien, veuve inconsolable, qui n'est que momentanée. Une même demeure vous est assignée dans l'avenir ; une même destinée vous est réservée. Dieu vous réunira dans l'Eternité.

Pour le moment, Il vous donnera la force de supporter cette amère douleur. Vous retrouverez cet ami de votre cœur dans ces charmants enfants auxquels il avait inculqué les principes de la dignité, de la moralité, de la valeur personnelle, et qu'il était heureux de voir grandir et s'élever au-dessus de sa propre sphère d'activité, éclairés des lumières de la science, dotés des bienfaits d'une instruction solide et durable.

A votre tour, mes enfants, vous le remplacerez

auprès de votre tendre mère, auprès de votre jeune frère si prématurément visité par le chagrin, et vous adoucirez par vos vertus la profonde amertume de cœur d'une veuve, accablée sous le poids d'un aussi grand mal.

Je n'aurais accompli qu'une partie de ma mission pastorale si je ne rappelais devant vous, mes frères, et pour l'édification de votre communauté, les sentiments religieux, la douce piété dont était pénétré Daniel Lévy.

Sa maison était une véritable demeure israélite où s'accomplissaient toutes nos pratiques religieuses, toutes nos saintes traditions.

Notre frère était pieux sans ostentation, plein de respect et de vénération pour le culte public qu'il fréquentait assidument : n'oubliant jamais qu'il appartenait à une de ces anciennes familles de Verdun qui ont toujours tenu haut et ferme le drapeau du judaïsme.

Aussi avez-vous bien compris qu'un tel israélite était naturellement désigné à vos suffrages lorsque, récemment, vous l'avez admis au sein de votre commission administrative, qui, outre la connaissance des choses temporelles, doit encore apporter un dévouement absolu à notre religion et professer le respect le plus entier pour nos traditions mosaïques.

Il en eût été assurément et l'ornement et l'orgueil.

Enfin, si j'ajoute que Daniel Lévy possédait un excellent cœur, était bon pour les pauvres, et ne nous a jamais refusé l'obole réservée à l'indigent, j'aurai trouvé les trois qualités essentielles d'un bon israélite, les trois piliers constitutifs d'une existence vraiment honorable :

La religion,   THORA !

Le travail,   ABODA !

La charité.   GUEMILOUTH HASSODIM.

Puisses-tu, frère, recevoir au sein de Dieu la récompense de tes bonnes œuvres !

Adieu, au nom de ta veuve inconsolable, de tes enfants abîmés par la douleur, de ta famille en larmes et de tes coreligionnaires qui te regrettent.

ADIEU !!!